Krishna

Bauchikrauler

(K)ein Hundebuch

Für Nila

Krishna

Bauchikrauler
(K)ein Hundebuch

ISBN: 978-3752858594

Herstellung und Verlag:

BoD – Books on Demand, Norderstedt.

Bibliografische Information der Deutschen Nationalbibliothek:
Die Deutsche Nationalbibliothek verzeichnet diese Publikation
in der Deutschen Nationalbibliografie; detaillierte bibliografische
Daten sind im Internet über http://dnb.dnb.de abrufbar.

Inhaltsverzeichnis

I. VORWORT

Viele Bücher gibt es bereits, in denen Bauchikrauler anderen Bauchikraulern versuchen zu erklären, wie sie richtig mit uns umzugehen haben.

Das Problem dabei ist häufig, dass ihr viele verschiedene Richtungen und Schulen beim Umgang mit uns Hunden habt – und jede dieser Richtungen meint, den einzig wahren Weg gefunden zu haben.

Das Spektrum reicht dabei von der verqueren Idee, dass ihr uns körperlich quälen müsstet, um uns gefügig zu machen, bis hin zu den Wattebäuschchenwerfern, die mit uns ausschließlich gewaltfrei kommunizieren möchten. Es gibt die, die uns mittels Klicker, Leckerli etc. dressieren und sich zugleich wundern, warum sich keine soziale Beziehung zwischen ihnen und uns Hunden entwickelt. Für mich heißt "soziale Beziehung", dass ich mich an meinem Bauchikrauler orientiere. Dass ich zum Beispiel im Wald, wenn er beim Telefonieren stehen bleibt oder sich die Schnürsenkel zubindet, zu ihm laufe, ohne dass er mich rufen muss. An seiner Seite fühle ich mich nicht nur sicher – ich bin es. Er kennt sich aus in dieser für uns so gefährlichen Welt, und das Wichtigste: er krault mir den Bauch.

Selber bin ich mit meinen Geschwistern und Verwandten in einem echten Rudel aufgewachsen – bei einer speziellen Bauchikraulerin, ihr nennt diese "Hundetrainer".

Meine Hundetrainerin legt auf den Aufbau einer Beziehung zwischen uns und den Bauchikraulern sehr großen Wert.

Dort war ich auch über Jahre erfolgreich im Sport-Sektor tätig – als Schlittenhund. So bin ich viel herumgekommen und war mit meinen Kollegen auf vielen Hundeschlittenrennen. Dort habe ich auch viele andere Hunde und ihre Bauchikrauler kennenlernen dürfen.

Nun ist meine Sportlerkarriere zu Ende und ich habe als Therapiehund in einem Hotel eine neue Aufgabe gefunden. War es meine Aufgabe im Sport-Sektor im wilden Galopp einen Schlitten zu ziehen, so ist es jetzt das tiefenentspannte Liegen im "Spielraum", einem großen Raum, in dem die Gästekinder nach Herzenslust spielen können.

Das war zwar eine ziemliche Umstellung für mich – aber ich liebe die neue Aufgabe. Hier treffe ich vor allem viele Familien mit ihren Kindern und kann diese auch in Ruhe beobachten. Dabei muss ich immer wieder feststellen, dass die meisten mich zwar total toll finden und sehr schnell sehr tief in ihr Herz schließen, aber wenig wissen über uns Hunde und wie man richtig mit uns umgeht. Deshalb schreibe ich dieses Buch.

Vorab sei noch erwähnt, dass ich, wenn ich von "Hunden" schreibe, auch solche meine.

Also nicht die Größe, die für mich bestenfalls als "vegetarische Vorspeise" durchgehen würde.

Auch nicht solche Tiere, die bei Geburt schon kränker sind als ich heute mit meinen sieben Jahren, und kaum eine Chance haben, dieses Alter je zu erreichen.

Ich meine also nicht Tiere, die ihr so überzüchtet habt, dass sie z.B. nur mit Spezialfutter überleben können.

Ein Hund sollte, finde ich zumindest, weder seine Besitzer arm noch den Tierarzt reich machen.

Wenn ihr das beherzigt, und nicht einfach nach hübschem Aussehen ein überzüchtetes Tier kauft, das ihr zweifelhafter Weise Hund nennt, dann ist schon viel erreicht.

II. WARUM WIR WIRKLICH BEI EUCH SIND

Geht man durch die Supermärkte und Spezialgeschäfte, so muss Hund vermuten, dass ihr wohl glaubt wir Hunde wären wegen des Futters bei euch. So viele Sorten Futter und "Leckerlis", so hohe Preise ...

Aber nein, es ist nicht das Futter, weshalb wir bei euch sind – es ist ganz etwas anderes.

Auf das Thema "Futter" werde ich allerdings noch einmal zurück kommen.

Weshalb wir wirklich bei euch sind: ihr habt diese tollen Dinger, ihr nennt sie "Hände", da wo wir unsere Vorderpfoten haben. Damit könnt ihr vor allem eines – super Bauchikraulen. Und deshalb sind wir bei euch – nicht wegen des Futters.

Denn mal ehrlich, vor die Wahl gestellt zwischen einem selber frisch gerissenen Reh und einer Dose Hundefutter ist doch wohl jedem klar, wofür wir uns entscheiden würden.

Es ist nicht dieses vorsichtige Streicheln unseres Fells ...
so ähnlich kriegen wir das selber hin, wenn wir uns das
Fell sauber lecken. Aber so richtig "durchgewuzelt" zu
werden von euren Händen, das Bauchi gekrault zu
bekommen ... das ist super – und das könnt nur ihr.
Mein Bauchikrauler wuzelt mich jeden Tag mindestens
einmal so richtig durch. Da liege ich auf dem Rücken,
wälze mich hin und her, strecke meinen Kopf nach hin-
ten, so dass mein Bauchikrauler nicht nur mein Bauchi,
sondern auch meine Kehle, die sehr empfindlich ist, streicheln kann. So ein Genuß!

Und ihr habt noch dieses Neo-Dings ... Cortex ... so einen
großen Kopf ... und so eine kleine Nase und schlechte
Ohren. Da müsst ihr euch nicht wundern, dass ihr nicht
annähernd so gut riechen und hören könnt wie wir.
Wir leben einfach in zwei verschiedenen sensorischen
Welten. Für euch ist es das höchste, mit eurem Freund
oder eurer Freundin z.B. nachts die Sterne oder tagsüber
die Natur zu betrachten.

Für meine Freundin Nila und mich dagegen ist es toll, gemeinsam unsere Nasen in alles mögliche hinein zu stecken, gemeinsam die Gerüche dieser Welt zu entdecken. So nah wir Hunde euch Menschen auch sind, so gut wir uns auch verstehen, da bleibt immer eine Grenze. Mein Bauchikrauler wird meine Geruchswelt nicht mir mir teilen können – und ich nicht verstehen, warum er von den Sternen so fasziniert ist. Wenn wir nachts gemeinsam nach Hause gehen, dann schaut er zu den Sternen – und ich schnüffel am Boden herum.

Und wir können nicht eure Bauchis kraulen. Das könnt ihr entweder selber, was wohl nicht so toll ist, oder ein anderer Bauchikrauler. Wenn man sich gegenseitig die Bauchis krault, dann nennt ihr das wohl "Beziehung". Aber die habt ihr immer seltener, und holt uns Hunde dann als Ersatz in eure Wohnungen und Häuser. Dann könnt ihr wenigstens uns die Bauchis kraulen.

Mit beidem, euren Händen und eurem Neocortex, habt ihr die Welt verändert – sehr verändert.

Aus unserer Hundesicht so, dass wir das Gefühl haben, dass ihr selber die Welt häufig nicht mehr versteht.

Die Welt mit all ihren Facetten und Regeln, die ihr ja eigentlich nicht nur uns, sondern auch euren Kindern vermitteln solltet. Manchmal kommt ihr mir vor wie Fremdenführer, die mit hoch erhobenem Schirm vor einer Touristengruppe durch einen Ort laufen, den sie selber nicht (mehr) kennen.

Ihr nennt das dann "Kultur" – und das bedeutet in aller Regel, dass ihr euch von der Natur sehr weit entfernt habt. Ihr nehmt manchmal sogar diese komischen Stöcke mit in den Wald, um euch die Natur vom Leib zu halten – das nennt ihr dann "Nordic Walking".

Ihr nehmt immer was mit, braucht immer etwas, was Distanz zur Natur herstellt – und damit auch zu uns.

Denn wir sind vor allem noch eins – Teil der Natur! Mit allem, was dazu gehört.

Mit Aggression und Erkundung, Pinkeln, Kacken – auch mal in die Wohnung, Läufigkeit, Erektionen, Lecken des Polochs …

III. WAS SICH VERÄNDERT HAT

Vor nicht allzu vielen Hundeleben sah die Welt noch ganz anders aus. Da gab es noch keinen Strom und nur wenige Straßen, keine Autos, sondern nur Ochsen- oder Pferdefuhrwerke ... Eure Vorfahren haben mit meinen Vorfahren in kleinen Orten in der Nähe von Wäldern und Wiesen gelebt – und nicht in Hochhäusern.

Der gemeinsame Lebensraum war damals noch vor allem Natur und deshalb für uns besser geeignet, ja sogar für uns besser geeignet als für Euch. Wir mit unserem Fell, das uns vor Kälte und Nässe schützt, mit unserem "Allrad-Antrieb mit Spikes", sowie mit Zähnen, die den Namen auch verdienen, wir waren besser gerüstet für die damalige Welt.

Ohne Strom gab es auch keine Alarmanlagen – also haben wir eure Häuser und euer Hab und Gut bewacht. Wir haben mit oder für euch gejagt und, was ja erstaunlich ist, trotzdem euer lebendes Futter, z.B. eure Schafe, gehütet ...

Wir haben euch im Winter gewärmt und auch, als es noch

keine Motoren dafür gab, eure Schlitten gezogen.

Selbst in den Krieg haben wir euch begleitet.

Wir waren euer "Multitool". Und zudem ein Multitool, das mit euch gerne kooperiert!

Ihr habt zwar auch andere Tiere domestiziert, zu euch geholt und Nutzen daraus gezogen. Doch kein anderes Tier konntet ihr so vielseitig einsetzen wie uns. Mein Berufswechsel vom Sportler zum Therapiehund ist ja bestes Beispiel.

Bei euch gibt es ein Logik-Rätsel, in dem ein Bauer mittels eines Bootes einen Wolf, Kohlkopf und eine Ziege auf die andere Seite des Flusses bringen muss. Der Bauer kann immer nur entweder Wolf, Kohlkopf oder Ziege mitnehmen und muss zugleich verhindern, dass irgendwer oder irgendwas gefressen wird. Eine mögliche Lösung ist, dass der Bauer mehrmals hin und her rudert. Die andere, die eure Vorfahren vor einigen tausend Jahren gewählt haben, ist, dass sie aus dem Wolf einen Hund gemacht haben. Wir fressen (normaler Weise) nicht nur nicht eure Ziegen – sondern passen sogar auf diese auf – und auf den Kohlkopf – und auf den Bauern auch noch.

Doch in den letzten Jahrzehnten habt ihr mit eurer Ja-Nein-Logik die Welt sehr stark verändert ... aber genau diese Logik steht euch auch häufig im Weg.

Für uns haben die Veränderungen durch eure "Kultur" unseren Lebensraum sehr gefährlich gemacht. So gibt es jetzt sehr viele Straßen und Autos, Glasscherben, Nägel, Heftzwecken und Streusalz. Elektrozäune, Mähdrescher ... Straßenbahnen und Züge ... Giftköder ...

Es ist richtig gefährlich geworden für uns.

Haben wir früher auf euch aufgepasst – so müsst ihr heute auf uns aufpassen!

Wenn ihr uns also (unsere) Grenzen aufzeigt und die Grund-Kommandos beibringt, dann ist das nicht einfach nur zum Spaß, sondern dient vor allem auch zu unserem Schutz.

Zugleich habt ihr den meisten von uns unsere Aufgaben genommen. Welcher Hütehund hütet denn heute noch? Auch wenn „Australian Shepherds" gerade stark in Mode sind – so wie es einmal „Golden Retriever" oder „Dalmatiner" waren.

Welcher Schweißhund folgt mit dem Jäger noch einer

Schweißspur? Welcher Wachhund bewacht noch Haus und Hof? Zwar gibt es noch Kollegen, die als Such-, Spür-, Wach- oder Assistenz-Hunde, oder so wie ich als Therapiehunde tätig sind. Doch die meisten meiner Artgenossen leben jetzt ohne eine passende Aufgabe, für die sie eigentlich mal gezüchtet wurden. Und das in Städten, die für sie gefährlich geworden sind. Das ist nicht nur für uns ein Problem – sondern immer mehr auch für euch.

IV. WARUM IHR UNS IMMER NOCH BEI EUCH HABT

Viele technische Dinge habt ihr in Museen gestellt, viele Tierarten, mit denen ihr früher zusammen unter einem Dach gelebt habt, in große Ställe gesperrt.

Vieles habt ihr abgeschafft oder ausgerottet, weil ihr es nicht mehr gebraucht habt.

Aber obwohl ihr uns für unsere ursprünglichen Aufgaben nicht mehr braucht, sind wir immer noch bei euch. Ja, wir werden sogar immer mehr. Warum?

Auch wenn mein BauKrau immer etwas in Rage gerät, wenn er euer vermeintliches Zauberwort "Empathie" einmal wieder liest oder hört – und zwar so, als ob damit die gesamte Komplexität eures Neo-Cortex-Verhaltens erklärt werden könnte, auf uns passt das.

Mein BauKrau meint, für euch wären die seit Jahrtausenden bekannten vier Tugenden besser geeignet, um euch zu gutem Verhalten anzuleiten: Klugheit, Gerechtigkeit, Tapferkeit und Maß.

Aber ich schweife ab. Für uns passt "Empathie" sehr gut. Denn wir fühlen nicht nur mit euch mit, wir spiegeln euch auch eure Gefühle. Seid ihr also traurig, so sind wir es auch, seid ihr glücklich, so sind wir es auch. Das macht euch zwar ziemlich glücklich – führt aber auch zu einigen Problemen. Denn wenn ihr ängstlich und un-sicher seid – dann sind wir es häufig auch. Das verursacht dann Stress bei uns – und die natürliche Reaktion auf Stress ist bei uns Flucht oder Kampf.

Manchmal kauft ihr uns auch Sachen, die wir gar nicht toll finden. Aber ihr freut euch so darüber, dass wir uns auch freuen, weil ihr euch freut. Ihr denkt dann, wir freuen uns z.B. über die Sachen, die ihr uns geschenkt habt – dabei freuen wir uns über eure Freude! Dann kauft ihr uns noch mehr Sachen, die für uns aber keine Bedeu-tung haben.

Solche Fehlinterpretationen sind bei schönen Emotionen vielleicht nicht so schlimm. Schwierig wird es, wenn wir einmal komisch reagieren, ihr dann ängstlich und un-sicher werdet – und wir dann deshalb z.B. aggressiv reagieren – wodurch ihr noch unsicherer und ängstlicher werdet … Wir haben also viel, sehr viel Empathie und spiegeln euch und eure Gefühle. Das bedeutet aber auch, dass bei einem "Knoten in der Leine", also einer Störung der Interaktion zwischen euch Bauchikraulern und uns Hunden, dieser häufig näher an eurer Seite ist und ihr euch auch einmal selber hinterfragen solltet. Ich werde im Kapitel "Hunde-Voodoo" noch darauf eingehen.

Und das mit der Freude funktioniert natürlich auch anders herum. Wir freuen uns – und deshalb freut ihr euch. Es macht euch glücklich, wenn wir glücklich sind. Daran ist erst einmal nichts schlechtes – wenn ihr es nicht übertreibt. Doch auch Glück sollte man nur in Maßen genießen.

Uns machen eure Leckerlis und euer Futter glücklich – so wie euch eine Tüte Chips oder Erdnussflips.

So füttert ihr uns mehr und mehr. Hier noch ein Leckerli, hier noch ein paar Brocken Futter ... und wir werden immer dicker und dicker. Ein wichtiger Punkt für euch ist es zu lernen, unserem Hundeblick und eurem Wunsch, uns glücklich zu machen, auch mal zu widerstehen.

Nein, nicht „mal", sondern konsequent auch mal „Nein" sagen, meinen und durchhalten.

Auch macht uns das Hinterherjagen glücklich. Wie beim Futter so werden auch beim Jagen – egal ob einem Reh oder einem Ball oder Stöckchen hinterher – bei uns Glückshormone (Endorphine = körpereigenes Morphium) ausgeschüttet.

So könnt ihr uns zwar glücklich, aber auch zu einem Drogenabhängigen, zu einem Junky machen.

Ihr werft für uns Stöckchen und Bälle, als ob ihr bei Olympia teilnehmen wolltet. Uns macht das zwar glücklich, aber irgendwann seid ihr nur noch unser Dealer. Wir schauen nicht mehr euch an, sondern mit den weit aufgerissenen Augen eines Süchtigen auf das Stöckchen, Bällchen … dem wir so gerne hinterher jagen.

Außerdem laufen wir dann schnell allem hinterher, was sich bewegt. Habt ihr sonst häufig ein Problem damit, bei uns z.B. Kommandos zu generalisieren, d.h. dass wir diese in allen möglichen Situationen beherrschen, so habt ihr das beim Hinterherjagen nicht. Wir machen das so gerne, dass wir dann auch den Bällen von fremden Kindern hinterher laufen, oder auch den fremden Kindern selber, Radfahrern, Joggern, Autos ... einfach allem, was sich bewegt. Die finden das aber in aller Regel nicht so toll wie wir.

Mir wurde das Hinterherjagen hinter Stöckchen und Bällen nie beigebracht. Und trotzdem bin ich ein glücklicher Hund.

V. EURE JA-NEIN-LOGIK

Für die Programmierung von Computern ist eure Ja-Nein-Logik toll – zum Verständnis von uns Hunden nicht.

Ihr glaubt an die Macht der Worte, ihr glaubt, dass wenn ein Bauchikrauler ein paar (aus unserer Sicht merkwürdige) Fragen vermeintlich richtig beantwortet hat, er sich auch mit uns Hunden auskennt. Ihr nennt das dann "Hundeführerschein" oder "Sachkundeprüfung".

Ein schönes Beispiel stammt aus dem "Fragenkatalog Erwachsene zur BH/VT - Sachkundeprüfung"

Als Antworten für die Frage A 5: *"Ihr Hund ist nicht angeleint und recht unternehmungslustig. Trotz mehrfachen Rufens kommt er nicht zu Ihnen zurück. Was sollten Sie nun tun?"* werden genannt:

□ Hinterher laufen und ihn zu fangen versuchen.

□ Mit der Leine nach ihm werfen.

□ Brüllen, dass die Bäume wackeln.

x Sich ruhig umdrehen und weggehen.

□ Ihm lauthals alle Strafen dieser Welt androhen.

Als einzige richtige Antwort gilt eurer Meinung nach die mit dem "x".

Bei manchen meiner Artgenossen oder manchen Situationen müsste diese vermeintlich richtige Antwort jedoch ergänzt werden durch "und sich einen neuen Hund kaufen" oder auch "und beim Versicherungsvertreter einen Schadensfall (gestürzter Radfahrer, gebissenes Kind, kaputtes Auto ...) melden".

Und was heißt überhaupt "mehrfaches Rufen"???

Prinzipiell gehört ein Hund, der nicht sicher abrufbar ist, an die Leine!

Wir werden auf das Thema in den Kapiteln "Vertrag" und "Aggression" zurückkommen.

Das Grundproblem ist, dass ihr anscheinend wirklich glaubt, mit komischen Fragen und Antworten die ganze Komplexität der sozialen Interaktion zwischen uns und euch erklären oder verstehen zu können. Aber das Verhalten sowohl von euch als auch uns ist immer abhängig von der jeweiligen Situation. Deshalb kann es manchmal sinnvoll sein, wenn ihr BauKraus euch abwendet und weggeht, aber manchmal sollte auch die Leine fliegen.

Oder ihr werdet etwas lauter – aber sofort nach dem ersten Kommando ... nicht "nach mehrfachem Rufen". Nur das Hinterherlaufen ist natürlich Quatsch ... wir würden ein super "Fangmichdoch"-Spiel draus machen und dies immer wieder mit euch spielen wollen.

VI. FUTTER UND ZUBEHÖR

Früher haben wir gut von euren Essensresten gelebt – heute vergiftet ihr euch selber, ist euer Futter nicht einmal wirklich für euch geeignet. Zum Großteil besteht es aus Fett, Salz, Zucker, Geschmacksverstärkern und den vier wichtigsten Vitaminen B, A, S und F. Und deshalb sind wir Hunde eigentlich ganz froh, dass ihr uns von eurem industriellen Fertigfutter nichts abgebt.

Gut, wenn ihr uns was von eurem sündhaft teuren "Dry aged"-Steak abgeben würdet, das wäre schon fein – allerdings würde uns schon "aged" reichen. Es darf durchaus etwas stinken ... und auch das abgestandene Wasser in der Traktorspur im Wald ziehen wir schon mal eurem frischen Wasser im speziell designten Napf vor.

Mit all den vielen Dingen, die ihr für uns kaufen könnt und auch kauft, mal ehrlich, belohnt ihr euch doch vor allem selber. Euch macht das auf die gleiche Art Spaß, wie dem Vater die Eisenbahn, die er seinem dafür noch viel zu jungen Kind schenkt. Das ist ja auch OK, solange wir neben den mit Strass geschmückten Halsbändern ... auch das bekommen, was wir wirklich brauchen.

Aber wie im Beispiel der Vater dann mit der Eisenbahn und nicht mit seinem Kind spielt – so ist es häufig auch bei euch. Spart euch die teuren "Gadgets" und spielt lieber mit uns.

Würden wir Hunde einen Shop für uns einrichten – dieser sähe aber ganz anders aus ...

Da würde es "Hasenpups in Dosen" geben, Rossballen, wie Pferdeäpfel hier in Bayern heißen, Reh-, Hasen- oder Hirschlosung, aber auch Gras und Kräuter ...

Auf den Dosen mit Hundefutter steht manchmal "Aus frischem Fleisch und mit ganzen Stücken". Sicher, manch Altenheimbewohner wäre froh, wenn er das über sein Futter sagen könnte.

Aber für uns hat "Stück" die Bedeutung wie bei den Jägern. Hase, Reh, Hirsch ... am Stück, mit allem, was dazu gehört. Mit Haut und Knochen, Sehnen und Fasern ...

Statt dessen bekommen wir von euch geschreddertes Futter – kein Wunder bei der Generation Thermomix. Alles ist homogenisiert, pasteurisiert, gehexelt. Es sieht alles gleich aus, riecht und schmeckt gleich, auch wenn drauf steht, dass jedes mal was anderes (Geflügel, Rind ...) drin sein soll. Abwechslung sieht anders aus! Das Trocknen und Pressen in besonders nett geformte Brocken macht die Sache wirklich nicht besser.

Bei mir dauert das Futtern schon mal was länger. Auch in meinem Futternapf findet sich "Getreide, Gemüse und Fleisch". Aber es ist immer anders. Mal gibt es Karottenschalen, mal einen von einem Kind angebissenen Apfel, ein hartes Brötchen oder eine Scheibe Brot, Wurst, Fleisch oder auch mal Bolognese ... was hier im Hotel halt so anfällt.

Da muss ich mich schon konzentrieren und räume manchmal erst einmal den Napf aus, um das Futter auf dem Boden zu sortieren. Am Ende bleibt aber außer ein paar Krümeln nichts übrig. So habe ich was zum Spielen, eine Überraschung und was zum Futtern in einem – einen Ü-Napf. Doch das geht natürlich nicht in euren schicken Wohnungen. Da ist das Dosenfutter, das wir Hunde schnell herunter schlingen können, schon bequemer. Oder glaubt ihr etwa, dass wir nicht auch das fressen könnten, was ihr mit euren, den Namen Zähne nicht verdienenden Kauwerkzeugen klein kriegt?

Zusätzlich habe ich noch einen riesigen Rinderknochen, mit dem ich mich manchmal über Stunden beschäftige. Den hat mir der Metzger geschenkt, der uns das Fleisch liefert. Aber in der SB-Fleischtheke im Supermarkt gibt es so etwas natürlich nicht. Da dienen dann "Kauknochen" z.B. aus getrockneter Tierhaut als Ersatz. Auch nicht schlecht – aber nicht vergleichbar mit dem Original mit "Mark und Bein".

Mein Tipp: Kauft euch frische Sachen und das Fleisch beim Metzger eures Vertrauens (solange es den noch gibt), kocht euch was schönes – und gebt uns die Reste. Dann müssen wir alle nicht von Dosenfutter leben.

VII. LEINE UND FREILAUF

Das Laufen an der Leine ist für uns so, als wenn ihr einen Marathonläufer an einen gebremsten Rollator ketten und durch einen Kurpark schicken würdet. Unser Bewegungsradius ist durch eine Leine stark eingeschränkt, und wir können nicht überall schnüffeln und hin und her laufen. Im Freilauf dagegen können wir uns so richtig austoben, die ganze Umgebung erkunden.

Aber wir müssen überhaupt erst einmal das Laufen an der Leine beherrschen, bevor ihr uns frei laufen lassen könnt. Uns frei laufen zu lassen, weil ihr uns an der Leine nicht unter Kontrolle habt, ist Irrsinn! Die negative Folge für meine Kollegen und mich ist dann Leinenpflicht in vielen Regionen. Aber natürlich sind wir Hunde, bloß weil wir gut an der Leine laufen, noch lange nicht in der Lage auch sicher und kontrolliert frei zu laufen.

Mein BauKrau und ich haben da eine Abmachung.

VIII.   DER VERTRAG

Schon meine erste Bauchikraulerin und ich hatten einen ähnlichen Vertrag geschlossen. Ich kannte also schon die Kommandos, wusste, was ich eigentlich darf und was nicht. Aber wie heißt es so schön unter uns Hunden: Neuer Bauchikrauler – neuer Vertrag.

Mein neuer Bauchikrauler und ich haben dann auch einen Vertrag geschlossen. Das Aushandeln des Vertrages hat schon einige Wochen und viele Ausflüge in den Wald gedauert. Der Vertrag lautet, dass ich in einem gewissen Radius frei laufen darf, solange ich zuverlässig abrufbar bin, also auf Ruf meines Bauchikraulers zu diesem zurück laufe. Ein super Vertrag, auch wenn mich mein Bauchikrauler manchmal an die Einhaltung erinnern muss. Aber musste er mich Anfangs noch zu sich rufen, wenn ein Auto kam, so laufe ich heute automatisch zu ihm und mache neben ihm "sitz", sobald ich ein Auto höre und mein Bauchikrauler stehen bleibt. Und das ohne Leckerli und Klicker.

Am Anfang durfte ich auch durch das Unterholz laufen, doch dann habe ich einmal ein Reh aufgeschreckt und bin diesem hinterher. Seitdem darf ich nur noch auf den Wegen laufen – und das in einem Radius von einigen Metern um meinen Bauchikrauler herum.

Das habe ich allerdings nicht dadurch gelernt, dass mein BauKrau sich abgewendet hat und weg gegangen ist, wenn ich am Anfang nicht gehorcht habe. Als ich vom Jagen zurück kam, hat er mich am Nackenfell gepackt, zu Boden gedrückt, bis ich mich nicht mehr gerührt habe, und geschimpft.

Danach bin ich sehr vorsichtig gewesen, bin erst einmal ganz in der Nähe vom BauKrau geblieben. Nur langsam habe ich versucht, meinen Radius zu erweitern ... und mein BauKrau hat dann immer rechtzeitig Kund getan, wenn ich zu weit gelaufen bin. Manchmal musste ich dann wieder an der Leine oder "bei Fuß" laufen ... denn das finde ich nicht so toll. Manchmal kam aber auch die Leine geflogen, wenn ich seinem Kommando nicht gefolgt bin ...

Dabei hat das Packen und Schimpfen zum einen nur ganz kurz gedauert, zum anderen mir nicht weh getan. Aber ich habe sehr deutlich verstanden, dass ich eine Grenze überschritten habe.

Aber trotzdem werde ich immer mal wieder versuchen (müssen), den Vertrag zu meinen Gunsten umzuschreiben. Zum Beispiel, dass mein Radius größer wird oder ich doch ins Unterholz darf. Die Versuche Verträge zu eurem Vorteil umzumünzen macht ihr Bauchkrauler aber unter euch ja auch.

In Bayern soll das Verrücken der Grenzsteine, die früher die Grundstücksgrenzen definiert haben, ja sogar Volkssport gewesen sein. Und in Bayern sagt man über einen besonders wagemutigen und tollkühnen Menschen "A Hund is er scho". Also regt euch nicht auf, wenn wir auch immer wieder versuchen unsere Grenzsteine neu zu setzen.

IX. "SOZIALISIERUNG" ODER "SENSORISCHE INTEGRATION"

In Büchern und Videos beschreibt ihr zu Recht, dass ihr mit uns als Welpen an möglichst viele Orte mit komischen Geräuschen und Gerüchen gehen sollt, damit wir diese kennen lernen können.

So lernen wir dann, dass wir diese nicht fürchten müssen und in Zukunft nicht erschrecken.

Das Problem ist nur, dass ihr das "Sozialisierung" nennt, dabei handelt es sich doch um "sensorische Integration", sagt mein BauKrau. Das heißt, dass wir lernen verschiedene sensorische Eindrücke einzuordnen.

"Sozialisierung" dagegen ist das Erlernen des Umgangs mit anderen Lebewesen, egal ob Menschen, Hunden, Hamstern ... Joggern, Skatern, Radfahrern ... und auch das müsst ihr uns beibringen. Sozialisierung bedeutet also, dass ihr uns beibringt, dass wir zum Beispiel nicht alles an- oder bespringen. Nicht Joggern und Skatern hinterherjagen oder Kindern das Eis aus der Hand klauen. Ihr müsst uns beibringen, dass wir die Tiere eurer

Nachbarn ... besser überhaupt alle Tiere in Ruhe lassen.
Und das Beißen nur beim Futter und Spielzeug erlaubt
ist. Da ich im Unterschied zu vielen meiner Artgenossen
in einem richtigen Rudel, also zusammen mit meinen
Eltern, Geschwistern und Verwandten aufgewachsen bin,
habe ich zumindest den Umgang mit anderen Hunden
dort gelernt.

Wir haben viel gespielt und gerauft, ich habe die anderen
genervt und geärgert – und wurde zur Ordnung gerufen.
Mein BauKrau sagt immer: soziale Interaktion lernt man
nur durch soziale Interaktion, also durch das Miteinander
mit anderen Lebewesen.

Und das braucht Zeit, viel Zeit. Wir lernen nämlich nicht
nur dann, wenn ihr uns etwas beibringen wollt und mit
uns z.B. auf den Hundeplatz oder in die Welpengruppe
geht. Wir lernen den ganzen Tag und versuchen, die Welt
um uns herum zu erkunden und zu verstehen. Wenn wir
dabei nicht angeleitet sondern alleine gelassen werden,
dann denken wir uns alles mögliche aus ...
Und wie bei euren Menschenkindern kommt dabei häufig
einfach nur Blödsinn raus.

Wenn ihr also nicht die Zeit habt, euch wirklich intensiv um uns zu kümmern, unsere Bauchis zu kraulen, mit uns zu spielen und uns beim Erlernen der sozialen Interaktion zu unterstützen … dann kauft euch besser ein Plüschtier.

X. WAS WIR WIRKLICH VERSTEHEN – UND WAS NICHT

Nein, auch wenn ihr noch so sehr davon überzeugt seid und noch sehr daran glaubt: wir verstehen keine Worte! Dazu fehlen uns einfach die notwendigen Hirnareale. Wir haben eben nicht diesen Neocortex. Was wir "verstehen", also mit einer Handlung oder Dingen (z.B. Socken ...) verknüpfen können, sind Tonfolgen. Uns ist es dabei egal, ob ihr eine Tonfolge pfeift, wie ihr es bei den Hütehunden macht, oder Worte sagt. Aber für uns ist das Wort, mit dem ihr uns zu einer Aktion auffordert oder uns oder einen Gegenstand benennt, nur eine Tonfolge und hat keinerlei Bedeutung. Weder werden wir die Bedeutung einer Tonfolge mit euch aushandeln, noch diskutieren. Auch könnt ihr uns nicht beleidigen mit euren Tonfolgen, die ihr Worte nennt. Ihr könnt uns also z.B. auch beibringen, die Tonfolge "schnickschnack" mit der Aktion "hinsetzen" zu verbinden. Das werden andere BauKraus dann vielleicht komisch finden – nicht aber wir.

Wichtig ist vor allem, dass die Tonfolgen nicht zu lang und auch gut zu unterscheiden sind. Es reicht manchmal auch ein Schnalzer oder Fingerschnippen ...

"SchatzileinlassdasundkommdochherzuFrauchen" verstehen wir definitiv nicht als Aufforderung, unser Verhalten (z.B. das Anpöbeln eines anderen Hundes) zu lassen und zu euch zu laufen.

Im Gegenteil verstehen wir "Schatzilein, das machst du super, mach weiter damit, den anderen Hund anzupöbeln."

Der Ton macht die Musik, heißt es bei euch – und das gilt natürlich auch für eure Kommandos.

Bei meinem BauKrau gibt es so ein Universal-Kommando, das heißt "Hey".

Wenn er es freundlich ruft, dann ist es eine freundliche Ermahnung und bedeutet so viel wie:

"Krishna, du weißt, dass du das nicht darfst, also mach es erst gar nicht / lass es".

Wird aus dem "Hey" ein "Hey!!", dann habe ich meistens ein Kommando nicht befolgt. Mein BauKrau wiederholt dann nicht das Kommando, sondern fordert mit dem "Hey!!" die Befolgung desselben ein.

Dann gibt es noch das **"HEY!!!"**, das soviel heißt wie "Hör sofort auf und komm her!", das er aber nur ruft, wenn es gefährlich werden könnte.

Wenn ihr also wollt, dass wir eure Kommandos ernst nehmen, dann müsst ihr auch abhängig von der Situation den entsprechenden Ton wählen.

Zudem sollte ein Kommando immer nur von einem Bau-Krau gegeben werden, nicht von mehreren gleichzeitig.

Es sollte auch nicht wiederholt, sondern von euch durchgesetzt werden, denn wir sind ja in aller Regel nicht schwerhörig.

Und es sollte auch nicht vergessen werden, dass das Kommando von euch auch wieder aufgelöst wird – und nicht durch uns.

Außerdem lesen wir vor allem auch eure Körpersprache, Mimik und Gestik und versuchen, daraus schlau zu werden. Dass wir dazu prinzipiell in der Lage sind, ist nicht verwunderlich. Als Säugetiere ist es sowohl für unsere Vorfahren, die Wölfe, als auch für uns normal, dass wir kooperieren.

Und auch ist es für uns, als vom im Rudel jagenden Tieren abstammend, normal, dass wir nicht über Laute kommunizieren, würden diese doch unsere Beute warnen.

So orientieren wir uns und kommunizieren über die Beobachtung des Verhaltens der anderen Rudelmitglieder.

So wissen wir, welches Tier unsere Beute sein soll, wer welchen Job macht ...

Das erstaunliche ist, dass wir nicht nur mit unseren Artgenossen so kommunizieren, sondern auch mit euch Bauchikraulern.

Auch normal für Säugetiere ist, dass diese, auch wenn sie von den gleichen Eltern abstammen, doch alle in gewisser Weise verschieden sind.

Alle haben einen anderen "Charakter", andere besondere Fähigkeiten ... So können wir uns immer gut an die gerade notwendigen Aufgaben anpassen. Denn so haben wir immer Spezialisten, die diese Aufgaben besonders gut lösen können.

Ihr habt wohl vor Jahrtausenden damit begonnen, bei unseren Vorfahren, den Wölfen, diejenigen zu "selektieren", also am Leben zu lassen, die am kooperativsten und freundlichsten im Umgang mit euch waren. Daher also unsere Fähigkeit, eure Körpersprache, Mimik und Gestik zu lesen.

Auf eure Körpersprache solltet ihr also unbedingt achten. Letzthin habe ich einen BauKrau beobachtet, wie er zwar mit Worten "sitz" gesagt hat, nicht aber mit dem Körper. Der arme Hund wusste nicht, was er tun sollte. Dem gesprochenen Kommando oder der Körpersprache folgen? Versucht es doch einfach mal ganz ohne Worte – auch wenn euch das schwer fällt. Denn bei euch heißt es ja sogar schon in der Schöpfungsgeschichte "Im Anfang war das Wort ... ".

XI. WOLLEN WIR NUR SPIELEN?

Das größte Problem an der Aussage "Der will doch nur spielen" ist das "nur". Doch Spielen ist eine ernsthafte und wichtige Angelegenheit für uns. Über das Spiel lernen wir nicht nur die Welt kennen, sondern auch Grenzen (z.B. die Beißhemmung) und die Regeln des sozialen Miteinanders ... Entweder zum Beispiel im Rudel den Umgang mit anderen Hunden, und wenn ihr denn genug und richtig mit uns spielt auch den Umgang mit euch. Natürlich darf und soll Spielen auch Spaß machen. Aber lasst euch nicht dadurch täuschen, wie süß und tapsig wir als Welpen sind.

Bevor ihr uns ein Spiel beibringt, fragt euch immer, ob ihr das gleiche Spiel auch noch mit uns spielen möchtet, wenn wir ausgewachsen sind. Klar ist es lustig, Welpen irgendwelchen Blödsinn beizubringen – aber der Spaß hört schnell auf – zumindest für euch – wenn dann 30 kg Kampfgewicht Blödsinn machen. Als Welpen könnt ihr uns noch relativ leicht und spielerisch beibringen, dass ihr uns die Hand ins Maul stecken, die Ohren und Pfoten untersuchen ... könnt.

Ihr könnt uns spielerisch beibringen, dass wir euren Kommandos folgen und uns an die sozialen Regeln gegenüber Menschen und anderen Tieren halten.

Wir wollen also nicht "nur" spielen – WIR, also ihr Bauchikrauler und wir Hunde, müssen miteinander spielen! Leider sehen viele Bauchikrauler nicht, welche Probleme sie in der Zukunft mit uns haben werden, wenn sie die Welpen-Zeit ungenutzt verstreichen lassen oder uns, weil sie uns so süß finden, nicht nur keine Grenzen setzen, sondern auch noch zu Blödsinn ermuntern. Da kommt dann immer viel Arbeit auf meine ehemalige Bauchikraulerin, die Hundetrainerin, zu.

Solange wir noch jung sind ist es vielleicht "süß", wenn wir an euch hochspringen und das Gesicht abschlecken. Doch ist es das auch noch, wenn wir ausgewachsen sind? Und was sagen andere Menschen dazu, finden die das auch "süß"?

Um mich nicht falsch zu verstehen, mit uns zu spielen hat nichts mit Schach oder so zu tun. Über euer großes Hirn habt ihr anscheinend vergessen, dass ihr auch einen Körper habt. Ok, über eure Körper und deren Ausstattung äußere ich mich hier lieber nicht ...

Spielen heißt vor allem auch, einmal aus dem Entspannungssessel oder aus der Couch-Landschaft hervor zu kommen, Klicker und Futterbeutel zur Seite zu legen, sich mit uns auf Augenhöhe, also auf den Boden zu begeben und so richtig körperlich rumzutollen und zu raufen. Auch wenn unsere Sozialstruktur im Rudel nicht so primitiv hierarchisch ist, wie ihr euch das vielleicht vorstellt – trotzdem balgen und raufen auch wir im Rudel immer wieder und klären so, wer der Boss ist. Mit euren Händen seid ihr uns zudem noch weit überlegen, zumindest solange es ein Spiel ist und bleibt und wir unsere Zähne nicht ernsthaft einsetzen.

Und gegen Bauchikraulen sind wir sowieso machtlos. Nirgendwo anders als beim Spielen und Raufen habt ihr eine bessere Möglichkeit mit uns eine Beziehung aufzubauen und uns zugleich zu zeigen, dass ihr der Boss seid.

Im Spiel testen wir Grenzen aus und lernen zugleich, unsere Aggression zu kontrollieren.

Wäre ich ein Menschentrainer, so wie es bei euch Hundetrainer gibt, ich würde meinen Klienten immer erst ein-

mal eine Runde "Raufen und Herumtollen" verordnen.
Eure Hundetrainer sollten das eigentlich auch, bevor sie
Klicker und Futterbeutel zücken. Meine Devise ist "Zeig
mir wie Du mit uns Hunden spielst – und ich sage Dir,
wer Du bist."

XII. VOM SPIELEN ZUM PÖBELN

Wir wachsen ja viel schneller als eure Menschenkinder, und so werden wir auch viel schneller zu Halbstarken. Es kommt dann relativ schnell viel mehr Aggression in unser Spiel und wir testen viel stärker unsere Grenzen aus. Wir pöbeln herum.

Vor allem pöbeln wir andere Hunde an, machen aber auch vor Kindern und Menschen nicht unbedingt halt – wenn ihr uns nicht sofort und eindeutige Grenzen setzt. Uns also klar macht, dass ihr unser Pöbeln nicht toleriert. Und, sorry, aber das geht nicht mit Klicker und Leckerli oder Wegdrehen und Weggehen. Je mehr und besser ihr mit uns vorher gespielt und gerauft habt, je mehr ihr uns klar gemacht habt, wer der Chef ist, umso leichter werdet ihr euch tun, unser Pöbeln zu unterbinden.

XIII. STRAFEN?
GRENZEN SETZEN!

Euer großes Hirn hat auch dazu geführt, dass ihr die "Moral" erfunden habt. Da gibt es dann "gut" und "böse", es wird gestraft und verdammt ... bis in alle Ewigkeit – Amen.

Für uns gibt es kein gut oder böse, sondern nur Grenzen, die wir austesten müssen!

Das liegt einfach in unserer Natur.

Bei euch BauKraus gibt es das schöne Wort "Maßregeln", was für euch so viel wie bestrafen heißt und heute einen negativen Beigeschmack hat.

Doch eigentlich drückt es ja aus, dass das Maß geregelt wird. Dies geschieht vor allem durch das Setzen und Durchsetzen von Grenzen, durch die unser Verhalten im rechten Maß gehalten wird. Und eure Aufgabe ist es, uns diese Grenzen aufzuzeigen, uns zu maßregeln.

Wenn ihr uns in unsere Grenzen weist, solltet ihr aber einige Punkte beachten:

1 Wir müssen verstehen können, dass wir geschimpft werden

Einer der häufigsten Fehler, den ich immer wieder bei euch Bauchikraulern beobachten kann, ist, dass ihr uns versucht so zu "maßregeln", dass wir dies nicht verstehen. Statt als "Kritik" verstehen wir häufig sogar das Gegenteil, nämlich dass wir gelobt werden. Wenn ihr mit der gleichen Körperhaltung, der gleichen freundlichen Tonlage und dem gleichen freundlichen Gesichtsausdruck entweder sagt "du bist der beste Hund der Welt" oder "über dein Verhalten bin ich sehr ungehalten und wünsche, dass das nicht mehr vorkommt" ... dann ist beides für uns gleich. Wir gehen davon aus, dass wir gelobt werden. Wenn ihr uns also schimpft, dann bitte so, dass wir das auch als Maßregelung verstehen können. Dass wir verstehen können, dass wir eine Grenze überschritten haben, die wir nicht überschreiten dürfen. Also "Brust raus, Bauch rein", und energisch geschimpft.

Nicht nur "dass" wir geschimpft werden, müssen wir verstehen können, sondern auch dass "wir" geschimpft werden. Wenn ihr sehr cholerisch seid, es bei euch immer hoch her geht, immer wieder geschimpft und geschrien wird, dann kann es schon sein, dass wir uns gemeint fühlen, obwohl wir es gar nicht sind. Oder aber so abgestumpft werden, dass wir nichts mehr auf uns und unser Verhalten beziehen.

2 Seid nicht nachtragend

Wir testen unsere Grenzen aus, bauen mal Mist ... ihr schimpft uns ... und gut.

Wenn ich nach ein paar hundert Ausflügen in den Wald mal wieder meinem Jagdtrieb freien Lauf lasse, dann werde ich von meinem BauKrau dafür geschimpft, ja sogar richtig geschimpft.

Aber am nächsten Tag geht er mit mir wieder in den Wald, als wenn nichts gewesen wäre. Er ruft mich nicht häufiger, ist nicht ängstlicher oder unsicherer. Er sieht die vielen hundert Male, bei denen ich brav war, und nicht nur das eine Mal, wo ich ausgebüchst bin. Ich bin dann allerdings immer erst einmal vorsichtiger ... geschimpft werden ist nicht schön.

3 Macht kein persönliches Ding draus

Bei euch ist es üblich, dass ihr nach einem unerfreulichen Ereignis, welcher Art auch immer, erst einmal "in euch geht und nachspürt, was das mit euch macht". Dass ihr dann häufig "ein Stück weit betroffen und enttäuscht seid". Ihr habt gerade viel Geld in der Tierhandlung für uns ausgegeben ... und dann pöbeln wir andere Hunde an, hören nicht auf euch, oder laufen weg ... pinkeln in die Wohnung ... und ihr seid enttäuscht.

Aber wir sind Hunde! Was wir tun meinen wir weder böse noch persönlich. Also nehmt es auch nicht persönlich. Maßregelt uns sachlich und möglichst emotionslos. Denn:

Ein Hund muss tun, was ein Hund tun muss.

4 Lasst nicht Euren Frust oder Sadismus an uns aus!

XIV. GEHT IHR ZUM HUNDE ...

dann vergesst das Loben nicht. Einfach mal ein freundliches Wort und ein Streicheln oder Knuddeln von euch, wenn wir etwas richtig gemacht haben. Ihr schaut zu viel auf die Dinge, die wir falsch machen, wollt uns immer etwas beibringen und dann "belohnen". Aber Grenzen und deren Einhaltung kann man bei uns auch durch Lob definieren. Zeigt uns nicht nur was wir falsch gemacht haben, sondern auch durch euer Lob, wenn wir etwas richtig machen.

XV. EUER GESTÖRTES VERHÄLTNIS ZUR AGGRESSION

Mit eurem großen Hirn habt ihr nicht nur viele technische Sachen erfunden, die für uns gefährlich werden können, nicht nur habt ihr "Kultur" entwickelt und euch dadurch von der Natur entfernt.

Das wohl gefährlichste, was ihr mit euren Hirn erfunden habt, sind "Ideen". Für diese haben schon sehr viele Menschen freiwillig gelitten und sind gestorben. Noch viel viel mehr allerdings unfreiwillig. Vor allem für "Freiheit, Gleichheit, Brüderlichkeit" und alle Abwandlungen davon.

Eure Ideen sind so richtig gefährlich! Vor allem dann, wenn euch und euren Ideen Maß und Mitte verloren gehen und ihr eure Ideen zu dem bunten Regenschirm macht, den euer (Touristen) Führer hochhält. Und dem ihr dann mehr oder minder blind hinterher lauft.

Bevor ihr also irgendwelchen Ideen hinterher und in Kriege oder Konflikte lauft – bleibt lieber bei uns und krault uns unsere Bauchis. Das ist besser für uns alle.

Auch eine komische Idee von euch ist zum Beispiel "Rasse". Da züchtet ihr Lebewesen, die gewissen Maßen und einem von euch festgelegten Aussehen entsprechen müssen – aber kaum lebensfähig sind. Ich dagegen bin ein gezüchteter Mischling (ein "europäischer Schlittenhund"), und das scheint für die meisten von euch ein Widerspruch in sich zu sein. Gezüchtet werden bei euch Rassen, aber doch keine Mischlinge. Für meine Züchter waren aber nicht Aussehen oder Rasse wichtig, sondern zwei Punkte, nämlich Leistungsfähigkeit und soziale Verträglichkeit.

So konnte ich auf der einen Seite über Jahre erfolgreich als Schlittenhund tätig sein – und jetzt als Therapiehund meine Aufgabe durch "einfach liegen" erfüllen. Und gesund bin ich obendrein auch noch. Als Hund kann ich euch sagen, dass es zu nichts Gutem führt, wenn ihr es mit der Idee der "Rasse" übertreibt. Aber das wisst ihr aus eurer jüngeren Vergangenheit ja eigentlich selber.

Zwei weitere Ideen habt ihr entwickelt, die zu ganz schön dicken Knoten in der Hundeleine führen können. Es ist die "antiautoritäre Erziehung" und die "gewaltfreie Kommunikation".

Ich mag nicht beurteilen, inwieweit diese für euch Bauchikrauler mit eurem Neo-Cortex und komplexen Verhalten geeignet sind. Aber ihr liegt vollkommen falsch, wenn ihr diese auch auf uns Hunde anwendet.

Bei uns ist Autorität etwas ganz natürliches und beruht auf Kompetenz. Aber wir haben ja auch keine Manager, Politiker, Lehrer und Professoren ...

Autorität hat bei uns der, der die meiste Kompetenz hat, also am besten Bescheid weiß ... und an dem orientieren wir uns dann.

In eurer Vorstellung ist Autorität etwas negatives für die "Untergebenen", die sich an der Autorität orientieren müssen (eigentlich dürfen!), und etwas ganz tolles für den, der die Autorität hat.

Aber eigentlich ist es umgekehrt. Sich an einer Autorität orientieren zu können macht vieles leichter. Autorität auszuüben dagegen bedeutet, sehr viel Verantwortung zu übernehmen. Und das solltet ihr uns gegenüber bitte tun. Denn in dieser technisierten Kulturwelt habt nun mal ihr die notwendigen Kompetenzen.

Und nein, unsere Kommunikation ist nicht gewaltfrei.

Aggression ist ein natürlicher und wichtiger Teil von uns.

Aggression findet sich überall, nicht nur beim Kampf ums Territorium oder Futter, sondern auch im Spiel, in der Kommunikation und selbst beim Sex.

Das Problem ist also nicht unsere Aggression, sondern dass ihr Maß geregelt werden muss.

Mal ehrlich, wenn euch ein Gott, der die Macht dazu hat, vor die Wahl stellen würde von ihm deutlich (nicht gewaltfrei mittels Wattebäuschchen) die Grenzen eures Verhaltens und eurer Aggression aufgezeigt zu bekommen (gemaßregelt zu werden) – oder kastriert zu werden ... was würdet ihr wählen?

Eines Eurer Lieblingsworte zur Zeit ist "übergriffig", was auch immer das bei euch heißen mag. Wir Hunde finden es auf jeden Fall übergriffig, wenn ihr uns kastrieren lasst, weil ihr nicht in der Lage seid uns so zu erziehen, dass ein Rüde nicht rüde wird.

XVI.   HUNDE-VOODOO

Ich hatte schon beschrieben, dass wir sehr viel Empathie haben, mit euch mitfühlen und euch eure Gefühle spiegeln. Und dass dies auch zu Problemen führen kann – vor allem wenn ihr unsicher und ängstlich seid.

Als Heilmittel gegen die Probleme gebt ihr uns dann zum Beispiel Bachblüten oder Globuli, wenn wir (eigentlich ihr) Angst vor Gewittern haben.

Und ihr habt viele verschiedene Richtungen (Schulen) in der Hundeerziehung, die euch vor allem eines erklären: es gibt nur diesen einen allein glücklich machenden Weg, uns zu problemfreien Hunden zu erziehen. Das nimmt euch eure Zweifel und gibt euch dadurch Sicherheit.

Und weil das alles vor allem eines bewirkt – dass ihr sicherer und weniger ängstlich werdet – werden wir es auch. Ihr nennt das "Placebo by proxy" – ich nenne es "Hunde-Voodoo".

Das wirkt dann auch eine gewisse Zeit, bis ihr mit uns in eine Situation geratet, in der ihr das passende Globuli nicht dabei, den Klicker oder Futterbeutel vergessen habt.

Oder auch, wie es zur Zeit Mode ist, unser (Fehl-) Verhalten nicht einfach ignorieren könnt. Dann wäre es toll, wenn wir eine tragfähige Bindung aufgebaut hätten und ihr wirklich sicher wärt. Das erreicht ihr aber sicher nicht, indem ihr euch vor die, von manchen von euch abschätzig "Idiotenlampen" genannten, Fernseher setzt und Hundesendungen anschaut. Krault uns lieber die Bauchis, als z.B. drauf los zu Rüttern.

Und wenn alles nicht hilft, wenn die Probleme nicht weichen wollen, dann gibt es ja noch die "Hundepsychotherapie". Da wendet ihr euer (Halb-) Wissen über die Menschen-Psychologie und Psychotherapie auf uns Hunde an, die wir doch ein ganz anderes Gehirn haben als ihr.

Euer Neo-Cortex macht euch eure psychischen Probleme – und den haben wir nun mal nicht.

Unsere Probleme entstehen meistens dadurch, dass wir euch und eure Probleme spiegeln. Aber wenn euer Hundepsychotherapeut euch sagt, dass er die "Blockaden oder Traumata aus unserer Welpenzeit" beseitigt hat, dass jetzt alles wieder gut ist bei uns ... dann seid ihr wieder sicher(er) und entspannt(er) ... und wir dann auch.

Das wirkt natürlich – übrigens auch dann, wenn ihr nicht dran glaubt. Und wenn es doch nicht wirkt, dann gibt es ja noch "Placebo forte".

XVII.   NACHWORT

Bereits vor einigen Jahrzehnten schrieb einer von euch
Bauchikraulern:

> „Kultur ist Reichtum an Problemen"
>
> [Egon Friedell]

Und ihr habt viel „Kultur" – nicht nur im Umgang mit
uns Hunden.

Mit eurem Neo-Cortex und euren Händen habt ihr eine
Welt geschaffen, die sehr weit von der Natur und damit
von uns entfernt ist.

Immer weniger wollt ihr wahrhaben, dass wir einfach
Tiere sind – mit „tierischen" Bedürfnissen.

Und auch seht ihr immer weniger ein, dass die Ideen und
Ideale, die für euch in eurer Kulturwelt vielleicht gut sind
– auf uns nicht passen.

Andere Bauchkrauler haben den sogenannten „Spiegel-
test" erfunden. Bei diesem wird dem Kind oder Tier z.B.
ein Punkt so auf die Stirn gemalt, dass dies unbemerkt
bleibt, und dann vor einen Spiegel gestellt. So kann man
die Fähigkeit zur Selbstwahrnehmung testen. Wir Hunde

sind da übrigens sehr, sehr schlecht bei diesem Test. Aber es kann wohl daran liegen, dass wir nicht besonders gut sehen – wir sind nicht so visuell orientiert wie ihr, auch wenn wir uns stark an eurer Körpersprache orientieren. Ihr Bauchikrauler dagegen könnt das bei einem Farbklecks schon ganz gut.

Doch wenn der „Fleck" nicht auf eurer Stirn ist, sondern ein „Knoten in der Hundeleine", dann sucht ihr den Fehler meistens bei uns. Fast so, als wenn ihr versuchen würdet, den Fleck nicht von eurer Stirn sondern vom Spiegel zu entfernen.

Dabei liegt der Knoten häufig an euch und eurem Verhalten. Gut, ihr habt es nicht gerade leicht, wirklich konsequent zu uns zu sein und uns auch einmal zu maßregeln. Denn häufig habt ihr dann andere Bauchikrauler um euch herum, die dieses dann missbilligen, weil es nicht „gewaltfrei" ist. Aber ihr wollt ja mit uns glücklich werden – nicht mit irgendwelchen fremden Bauchikraulern. Und für uns ist Aggression etwas ganz normales – solange sie durch Euch in ihrem Maß geregelt wird. Auf der Grundlage von intensivem Bauchikraulen.

www.ingramcontent.com/pod-product-compliance
Lightning Source LLC
Chambersburg PA
CBHW051847250726
48659CB00006B/2074